La vie
ou
mon cœur dans les étoiles

Hervez-Luc

La vie
ou
mon cœur dans les étoiles

L'Harmattan

Illustrations

Anastasia Madiabola
Ergothérapeute de profession, elle s'adonne à la photo, au dessin et à la peinture.
Sa passion fait de ses expositions un message riche de spiritualité et d'humanité.

5-7, rue de l'École-Polytechnique ; 75005 Paris

http://www.librairieharmattan.com
diffusion.harmattan@wanadoo.fr
harmattan1@wanadoo.fr

ISBN : 978-2-296-96186-9
EAN : 9782296961869

À ma compagne
et mes enfants et petits enfants

Préface

Luc et Luc

Luc écrit à Luc.

Plutôt Luc rêve que Luc lui écrit.

La dimension prophétique est bien sûr évidente car la parole des songes est sacrée.

Elle se libère en effet de toutes les contingences matérielles, du rationalisme qui nous impose sa loi.

Non ! Le rêve libère notre inconscient, c'est son royaume.

Luc, le vrai, travaille depuis toujours avec les autistes, postulant que la culture est non seulement un traitement mais surtout un trait d'union.

On ne peut qu'adhérer à cette position. Ne nous méprenons pas, il ne s'agit pas d'une simple animation, d'une thérapeutique d'appoint.

Non ! C'est construire un pont pour une communication humaine.

Les autistes nous fascinent, nous inquiètent, nous dérangent et nous accompagnent.

On ne sort pas indemne de leur rencontre. Le contact ne s'établit pas et pourtant il existe, mais toutes les tentatives pour l'établir échouent. Ils nous opposent un ailleurs impénétrable. Il faut alors recommencer, recommencer encore.

Luc, le vrai, fait partie des compagnons de route des enfants, des adolescents et des adultes porteurs de ce qu'aujourd'hui on appelle un handicap.

L'alliance avec les familles a infiniment progressé. Une de nos amies, Brigitte, mère d'un garçon autiste, est à l'origine de rencontres passionnantes. Elles sont toujours conclues par un festival des journalistes du Papotin et des Turbulents, troupe professionnelle de sujets autistes issus pour la plupart de l'hôpital de jour d'Antony et de l'hôpital de jour Santos Dumont à Paris.

Ils sont intermittents du spectacle et nous sidèrent par leur culot, leur à-propos, leur liberté de parole et surtout leur talent.

Si Luc, vrai, publie les lettres du Luc imaginaire c'est que son inconscient les lui a dictées.

On rêve en effet tous et toutes de percer les secrets poétiques des autistes que l'on rencontre. On sait qu'ils existent mais on ne les découvre jamais. Luc nous fait partager sa chance dans cet ouvrage.

Il y a du sidéral, de l'interplanétaire, une passion pour les étoiles évoquant *Le Petit Prince* de St Exupéry. Les troubles sensoriels nous démontrent bien que l'essentiel est invisible. La poésie serait-elle le médicament générique pour lutter contre l'anxiété et le sentiment éprouvé de l'incapacité à traiter, à aider, intégrer et interpréter les autistes ?

Luc nous offre une piste de réponse.

Il se fond avec Luc.

Moi est toujours l'autre.

Il nous faut le remercier amicalement, chaleureusement et affectueusement car la voie qu'il prend, la fenêtre qu'il entrouvre sur ses rêveries sont de formidables messages d'optimisme.

Un accompagnant ne doit pas être triste. Georges Duby nous a fait comprendre que la trace d'un songe vaut celle d'un pas, alors suivons Luc.

Encore merci et bonne route.

MARCEL RUFO

Lettre I

Bonjour,

J'ai déjà écrit plusieurs fois au Père Noël, c'est ma tante qui m'a répondu !

J'ai reconnu son écriture et ses fautes d'orthographe, elle peut pas s'en empêcher bien qu'elle soit maîtresse d'école, même comme mon oncle dit qu'elle ferait mieux d'aller s'occuper des escargots en Bourgogne !

Alors moi j'ai pris votre nom au hasard dans le Minitel, c'est rigolo de s'appeler Mme Trognon !

Je me suis dit que vous deviez être gentille avec les enfants comme moi avec un si joli nom !

Hier c'était mon anniversaire, mais je n'ai pas eu de cadeau ; ma mère m'a dit que je ne le méritais pas parce que j'avais embrassé sur la bouche la fille du boucher. C'est elle qui voulait faire comme à la télé. Moi je n'aime pas les feuilletons, je préfère regarder les nuages, ils vous racontent des histoires comme les peintres.

Je n'ai même pas pleuré. C'est pas grave. Quand je serai grand je m'achèterai une longue lunette pour regarder les étoiles quand les nuages les laissent nous regarder.

C'est pour ça que je vous écris Mme Trognon, c'est pour savoir pourquoi il y a des soirs les nuages empêchent les étoiles de nous regarder ? Les gros nuages blancs ça vit le jour, les étoiles la nuit.

J'ai posé la question à ma tante qui est maîtresse d'école, elle a pouffé avec sa bouche et gesticulé avec ses épaules…

Mais peut-être que vous, avec un si joli nom, vous me répondrez ?

Bon je vais vous quitter Mme Trognon, je ne connais pas bien mon adresse mais c'est pas grave.

On m'appelle Luc.

Lettre 2

Bonjour,

Quand je me suis levé ce matin, j'avais les yeux qui collaient. Ça faisait drôle, toute la journée j'ai vu la vie brouillée. Je n'aime pas trop l'école, je peux le dire à vous car l'autre soir lorsque vous êtes venu à la maison boire un coup avec Papa, je vous ai entendu raconter les histoires rigolotes sur les profs.

C'est pas juste l'école, ça me rend triste. Souvent j'ai envie de pleurer avant d'y aller et puis quand j'y suis, je pleure pas pour pas qu'on rie de moi.

J'ai juste compris une chose, c'est qu'il faut pas croire tout ce qu'on raconte sinon on devient con, comme vous le disiez à mon papa l'autre soir.

Vous savez, Monsieur Duperron, souvent le soir je pleure tout seul, je m'en fous qu'on dise ce que les garçons ça doit pas pleurer. Ce qui compte c'est qu'après je suis mieux et alors par la fenêtre les soirs où les étoiles me regardent je peux leur parler. Elles me répondent, elles impriment des secrets dans ma tête, mais j'ose pas les raconter parce qu'on rirait de moi, c'est sûr.

Mais quand même à vous je vais oser. Vous ne direz rien à mon papa, c'est promis ? C'est une histoire de clown mais c'est pas comique. Vous savez la semaine dernière il y avait un cirque sur la grand-place ; c'était beau, la dame avec sa robe pleine d'étoiles qui dansait sur des balançoires tout en haut du chapiteau. Et les clowns qui jouaient de l'accordéon en imitant Pierrot la lune. Eh bien à la radio le lendemain matin, ils ont dit que la dame et son ami Pierrot étaient morts dans un accident de voiture. Ça m'a fait drôle, mais le soir les étoiles ont imprimé dans ma tête le Pierrot et sa femme qui se transformaient tout doucement en étoiles, même qu'à la fin elles filaient très vite autour des autres pour faire un tour d'honneur comme sur la piste du cirque.

Monsieur Duperron je vous pose la question à vous, ne riez pas. C'est peut-être parce que mes yeux ont essayé de les suivre que ce matin ils collaient fort et qu'après je voyais tout brouillé ?

J'aimerais bien moi aussi devenir une étoile pour connaître encore plus de secrets ; c'est bien mieux que ce qu'on nous raconte à l'école, je m'en fiche moi de Napoléon. Elles sont pas belles les étoiles qu'il a mis sur son blouson de soldat !

Peut-être que cette fois-ci vous me répondrez ?

Bon je vous quitte ; ce soir je ne pourrai pas regarder le ciel, c'est tout brouillé.

Lettre 3

C'est bien la première fois, Monsieur Duperron, que je vous parle des ânes ! Pourquoi les ânes ont-ils tant d'obstination à ne jamais aller là où ils ne veulent pas qu'on les mène. Seraient-ils comme les étoiles, des sages avec les pieds sur terre ?

Mon père m'a parlé hier de la vie comme il dit. Je n'ai rien compris.

Lorsque j'étais petit, je croyais que c'était lui qui commandait les étoiles.

Je rêvais qu'il parlait à la lune, au soleil.

J'imaginais qu'il était le chef d'orchestre de ce ballet majestueux des lumières, de la pluie, des neiges et des vents.

Lui ne me parlait que des ânes : "ils suivent leur chemin sans regarder vers le ciel, me disait-il, fais comme eux ! La vie te sourira peut-être".

Ma mère m'a dit que je devais plus grimper sur le toit de la maison pour regarder les étoiles, que mon père était mort la nuit dernière et qu'il fallait que je sois grand pour vivre comme il faut.

Monsieur Duperron, je ne veux pas suivre le chemin des ânes, ils avancent la tête baissée, leurs sabots attaquent la terre comme pour se venger. Les oiseaux se moquent bien des ânes, ils ne restent sur terre que pour se nourrir, ils dorment perchés entre le ciel et la terre, le reste du temps ils volent pour être les messagers des étoiles.

Les ânes ne peuvent pas être les amis des oiseaux.

Et moi, Monsieur Duperron, je n'ai pas envie d'être l'ami des ânes, même si je n'en fais qu'à ma tête dit la maîtresse à l'école.

D'ailleurs demain, je partirai tout seul, c'est mieux…

Lettre 4

Monsieur Duperron,

Depuis quelques matins, je cherche dans mon miroir un reflet qui me parlerait de moi, mais je ne le trouve pas.

Ma vue brouillée ne me laisse même pas deviner quelques traits de mon visage crispé.

C'est ainsi…

Mes amies les étoiles me disent qu'il en est de même dans les dialogues entre elles lorsque les nuages s'en mêlent.

Elles appellent cela : "les soirs des miroirs embués".

Dites-moi Monsieur Duperron, si je n'arrive pas à lire dans le miroir le bleu de mes yeux, cela voudrait-il dire que les nuages sont les masques de nos âmes ?

Mais j'ai peur M. Duperron, j'ai peur que même sans buée ni nuages les miroirs ne parviennent un jour à dénuder la vérité.

C'est comme ça que j'ai peur Monsieur Duperron.

Lettre 5

Monsieur Duperron,

Je viens de terminer *Lettre à un jeune poète* de Rainer Maria Rilke et je suis désespéré.

Je sanglote…

Vous savez comment je suis mal habillé.

Je n'ai pas supporté le regard de cet homme qui m'observait des pieds à la tête.

Honte d'être mal habillé ?

Non.

Vexé d'être observé ?

Oui.

Je l'ai boxé. Pas de mes muscles mais de mes nerfs ; il est resté par terre…

Ah ! Quelle solitude !

Moi qui rêve d'être bon, de jouer avec le regard des enfants, de donner du bon et du meilleur encore, je viens de le cogner lui qui n'a rien fait que de me regarder.

Ah ! Quelle solitude Monsieur Duperron !

D'un seul coup cette source de violence qui jaillit sans que je ne puis la contrôler.

Explosion de mes contradictions.

J'ai toujours eu quatre murs dans ma tête.

Toujours au ventre ce noir sanglot sans voix.

Toujours cet odieux refrain que j'ai si mal d'entendre : "et moi, moi, toujours moi, toujours moi."

Je rêve en rêve un autre rêve, une trêve de poésie où j'oserai écrire à la place du poète à Rainer Maria Rilke.

Dans l'ombre du silence tumultueux qui m'angoisse, j'aimerais vous lire le poème que j'ai dédié à mon étoile préférée, celle qui me sourit le plus…

"Je t'emmènerais sur un long chemin de sable

Je te prendrais par la main

Et nous marcherions longtemps, longtemps

Sans qu'il y ait besoin de dire un seul mot

Seuls les couleurs, la douceur et le vent…

Lorsque tu serais fatiguée,

Nous nous arrêterions sur le bord du chemin

Et nous nous regarderions, longtemps, longtemps

Sans qu'il n'y ait besoin de dire un seul mot

Seules les couleurs, la douceur et le vent

Et je m'endormirais pour mille poésies

Cette histoire je ne l'ai pas rêvée

Elle, elle s'appelait Tendresse

Et moi, moi… je ne sais pas"

Voilà Monsieur Duperron, faute de pouvoir vous rencontrer, j'ai croisé dans le parc d'en face un enfant de dix ans qui se tordait de rire en lisant un bout de papier. Je me suis approché car il me le montrait. C'était l'enrobage d'un Carambar.

Il m'a lu la devinette :

"laisse-moi pleurer, laisse-moi souffrir, laisse-moi écrire…"

J'ai retourné le papier pour lire la réponse. Il était écrit :

"quelquefois c'est la naissance d'une fleur"

Une fleur ça ne dure pas, c'est la vie quand même…

Oui Monsieur Duperron, c'est la vie quand même !

Lettre 6

Il est bien noir mon ciel, pas une étoile, pas un clin d'œil de lune.

C'est un nouveau désert qu'il me faut traverser.

Ici ne règne pas la faim, ni la soif mais la solitude.

C'est une nouvelle mort, déchirure d'une vieille pelure qui me colle encore à la peau.

Je marche à l'habitude des pieds qui ne se laissent pas conter d'horreurs, mais le cœur se serre, la gorge se bétonne, les larmes coulent.

S'arrêter dans cet endroit du labyrinthe serait un renoncement.

J'ai compris depuis longtemps que le fil d'Ariane est attaché à la queue du Minotaure et que le Minotaure est en moi.

Courir serait alors fuir la solitude.

J'avance pas à pas jusqu'aux premières lueurs du rêve d'Icare.

La force se fera sentir.

On se nourrit et se dépouille d'illusions tout au long de son chemin.

Lettre 7

Bonjour,

Comme vous pouvez le constater, Monsieur Duperron, c'est une cassette que vous recevez cette fois, ne croyez surtout pas que le plaisir d'écrire se soit envolé loin de moi.

Il faut que je vous le dise et nous n'en parlerons plus, promettez-le moi !

Le ciel s'est assombri, je porte des habits tout gris ; comme vous le savez, j'aimais tant raconter mes histoires aux étoiles. Je vous ai confié ma lettre à Mme Trognon… Oui c'est vrai je pensais qu'elles me regardaient, elles me fascinaient comme les yeux de la fille du boucher que je n'aurais jamais dû embrasser.

Oui c'est vrai, Monsieur Duperron, il y a des gens qui ont des yeux comme les étoiles, vous me l'avez bien dit, comme si vous connaissiez toute la vie depuis des siècles et des siècles comme on dit dans les Evangiles.

Monsieur Duperron !

Monsieur Duperron… je n'y vois plus, plus rien ! Ni les étoiles, ni les yeux des femmes. Je n'y vois plus rien, Monsieur Duperron, d'un seul coup, brûlé d'amour, d'amour…

Dans le silence de la lumière qui m'habite aujourd'hui, je viens vous raconter ce qui m'est arrivé ou du moins ce dont je me souviens :

J'étais allongé au sommet d'une longue marche, j'ai voulu gravir des sommets à dos d'âne le plus près du ciel. Il me fallait les voir de plus près encore. Près d'elles, j'aurais voulu être plus grand de quelques centimètres pour être plus près d'elles. Vous ne me croirez pas, Monsieur Duperron, j'ai dormi debout comme un cheval ardent, fier d'être monté si haut, fier de pouvoir commander aux nuages, pour une nuit, une nuit d'amour, de me laisser seul avec les étoiles…

Je suis resté debout, la gorge déployée vers la lumière naissante qui chassait mes amies. Je criais après elles, désespéré.

Je le savais mais, Monsieur Duperron, que reste-t-il quand on a conscience de la stupidité de son désespoir ?

Alors j'ai crié de tout mon corps, les étoiles s'effaçaient, discrètes, connaissant les civilités depuis des siècles et des siècles comme disent les Evangiles et moi je suis resté là devant ce ciel tout neuf au sommet de mon effort défiant la démesure de mes rêves les plus fous.

Le ciel était d'un bleu pur comme celui le plus pur de l'arc-en-ciel. J'étais en rêve comme on est en religion, je ne voulais pas faillir. Fermer les yeux, Monsieur Duperron, il n'en était pas question, pour rien au monde.

Ces longs chemins de mots, vous qui lisez beaucoup, vous ont fait imaginer votre narrateur à l'aube de sa cécité.

Oui Monsieur Duperron, c'est arrivé si vite, lorsque j'ai voulu défier la lumière chauffant les corps et les cœurs. Lorsque j'ai eu la prétention de ne pas baisser les yeux devant elle avant le retour de mes amies les étoiles.

Je ne le saurai jamais, sans doute un secret dans la bascule du soleil à la lune, de la lune aux étoiles, des étoiles au soleil…

Je cherche mes repères. Ma tante, qui est aujourd'hui maîtresse d'école à la retraite, me dit avec beaucoup d'assurance qu'elle a observé que les aveugles regardent toujours vers le ciel les mains tendues à l'horizontal.

Je crois bien, Monsieur Duperron, qu'elle a peut-être raison ; il vaut mieux avoir les pieds sur terre et la tête dans les étoiles que les yeux fixés à l'horizon.

Il y a bien longtemps que l'on a découvert que la terre était ronde. Les hommes de terre courent les jambes à leur cou après on ne sait quelle chimère, ils reviennent toujours après quelques générations et d'amours insatisfaites à la même place, toujours les yeux fixés sur la ligne d'horizon. Il n'y a pas de ciel heureux…

Oui ma tante, je te pardonne tes fautes d'orthographe lorsque tu répondais à mes lettres au Père Noël.

Aujourd'hui, je peux l'imaginer tel que tu me l'écrivais : il est vieux harassé par le monde, mais il aime toujours autant les espoirs de ce qui porte les enfants à regarder, au prix de leur vue, vers le ciel.

Là où se conjugue sans cesse, avec un nouveau verbe aimer la lumière où tu naîtras peut-être demain mon enfant.

Monsieur Duperron ; Monsieur Duperron, ne coupez pas Monsieur Duperron j'ai plein de choses à vous dire…

Oh oui je sais ! Vous aimez lire, pas écouter…

Je ne peux plus écrire, mais qu'importe puisque vous n'avez jamais répondu…

Lettre 8

Rien n'a changé, Monsieur Duperron depuis ma dernière cassette.

Je ne parviens pas à imaginer la vie avec un sourire.

Elles sont là devant moi les femmes qui me regardent.

Je le sens.

Leurs yeux laissent sur moi des traces semblables aux traînées de la voûte étoilée, mais elles me brûlent ces poussières de constellations, comme de l'acide sur ma peau.

Je me cache comme le chat siamois dans un recoin de la maison, dans un sac ou un carton vide.

J'attends toujours la nuit, pourtant je ne les vois plus mes amies les étoiles.

A l'heure avancée où la lune a pris le pas sur le soleil, je me remets à mon poste comme par le passé où je voyais.

Aujourd'hui j'écoute, une fois le tumulte insupportable de la ville disparu.

J'écoute et j'entends les étoiles discourir entre elles. Leurs mots ne sont pas les nôtres mais je les comprends.

Ils sont issus de la sagesse du temps, plus simples, plus purs, sans fioritures ni vanité.

Souvent leurs propos évoquent la planète folle.
Je pense, Monsieur Duperron, qu'il s'agit bien de la nôtre.

Ce qui me surprend c'est qu'elles ne se moquent ni ne jugent la terre. Elles constatent sans la moindre animosité.

J'aspire à être comme elles. Elles sont sages, belles, fortes, sereines.

L'autre nuit, Monsieur Duperron, planté devant la fenêtre, j'écoutais leurs propos.

Petit à petit leurs mots se transformaient en notes de musique comme dans une symphonie. C'est sans doute comme cela qu'elles parlaient à Chopin, Liszt, Beethoven, Mozart et les autres.

Mais moi je suis toujours là, avec ma peur de ce qui n'est pas moi.

Peut-être est-ce pour me rassurer, Monsieur Duperron, que les étoiles m'ont aujourd'hui donné la musique ?

Peut-être n'aurais-je plus ce besoin étrange de vous communiquer mes propos par cassette ?

Lettre 9

La mort, c'est peut-être le vent qui vient ôter le souffle de nos poitrines.

Oh ! Que j'aimerais qu'elle soit bise lorsqu'elle s'adressera à moi !

Les mots se cachent comme pour me narguer. Ils ne veulent plus s'assembler pour faire poésie.

Mes mains tremblent et mon ciel s'obscurcit.

Je ne perçois plus le soleil sur ma peau, je ne sens plus le parfum des étoiles, je n'entends plus le chant des oiseaux qui m'apportait les dernières nouvelles célestes.

Les images défilent derrière mes paupières closes, des sourires, des pleurs, des amours, des guerres, des silences, de la musique.

Oui, je vois les notes de musique…

Elles se sont entre crochetées pour me donner des coups de pied, là oui, Monsieur Duperron, là oui, au cœur.

Lettre 10

2010

Madame,

J'ai pleuré de vous aimer, vous que je ne rencontrerai jamais.

J'ai touché du bout des doigts la fleur de votre peau et vous vous êtes fanée.

Vous me laissez désespéré le nez plongé dans les herbes des pavés de mon enfance.

Ces odeurs âcres me rappellent les images fulgurantes des visages aimés, photos instantanées, chimères du passé, jamais oubliées.

Illusion du présent, rêves exaspérés d'une vie sans racines, d'une vie sans naissance.

Mais pourquoi sans naissance ?

Serait-ce de vous, maman, dont je ne me souviens pas ?

Lettre II

7/01/11

Monsieur Duperron,

J'ai rêvé d'avoir vécu une autre vie.

Il n'y avait pas de voitures, pas de téléphones et pas de vilains mots.

J'aime le silence, Monsieur Duperron, les mots me font peur.

Ils salissent souvent les oreilles et le cœur.

Je ne vois plus le ciel mais les astres m'appellent.

Je perçois leurs silences bien plus doux que tous les mots d'ici.

Les mots d'ici sont comme des lames qui vous épluchent le cœur.

Ils sont là pour vous rappeler votre condition d'homme.

Oui, Monsieur Duperron, je crois bien que les mots sont des armes dont nous nous servons jusqu'à l'ultime silence.

Et moi je les utilise pour vous dire que j'aimerais être un mot, plus précisément un verbe, un verbe qui roule, s'envole, se volatilise jusqu'au plus haut du ciel pour n'être qu'un souvenir, un instant, un vrai moment, une étoile.

Je ne sais pas, Monsieur Duperron, pourquoi je vous dis tout ça !

Oui j'ai déjà vécu des temps heureux, oui je le crois, moi qui n'y vois plus depuis longtemps maintenant, je goûte, je sens par le nez et par la peau les silences entre les notes de musique.

C'est là, seulement là où je trouve de l'espoir.

Bonsoir.

L'HARMATTAN, ITALIA
Via Degli Artisti 15; 10124 Torino

L'HARMATTAN HONGRIE
Könyvesbolt ; Kossuth L. u. 14-16
1053 Budapest

L'HARMATTAN BURKINA FASO
Avenue Mohamar Kadhafi (Ouaga 2000) – à 200 m du pont échangeur
12 BP 226 OUAGADOUGOU
(00226) 50 37 54 36
harmattanburkina@yahoo.fr

ESPACE L'HARMATTAN KINSHASA
Faculté des Sciences sociales,
politiques et administratives
BP243, KIN XI
Université de Kinshasa

L'HARMATTAN CONGO
67, av. E. P. Lumumba
Bât. – Congo Pharmacie (Bib. Nat.)
BP2874 Brazzaville
harmattan.congo@yahoo.fr

L'HARMATTAN GUINÉE
Almamya Rue KA 028, en face du restaurant Le Cèdre
OKB agency BP 3470 Conakry
(00224) 60 20 85 08
harmattanguinee@yahoo.fr

L'HARMATTAN CÔTE D'IVOIRE
M. Etien N'dah Ahmon
Résidence Karl / cité des arts
Abidjan-Cocody 03 BP 1588 Abidjan 03
(00225) 05 77 87 31

L'HARMATTAN MAURITANIE
Espace El Kettab du livre francophone
N° 472 avenue du Palais des Congrès
BP 316 Nouakchott
(00222) 63 25 980

L'HARMATTAN CAMEROUN
BP 11486
Face à la SNI, immeuble Don Bosco
Yaoundé
(00237) 99 76 61 66
harmattancam@yahoo.fr

L'HARMATTAN SÉNÉGAL
« Villa Rose », rue de Diourbel X G, Point E
BP 45034 Dakar FANN
(00221) 33 825 98 58 / 77 242 25 08
senharmattan@gmail.com

631366 - Novembre 2015
Achevé d'imprimer par